Olmecas, zapotecos y mixtecos

Los indígenas
de Mesoamérica IV

Olmecas, zapotecos y mixtecos
Los indígenas de Mesoamérica IV
José Mariano Leyva

Segunda edición: Producciones Sin Sentido Común, 2018
Primera edición: Producciones Sin Sentido Común y Consejo Nacional
para la Cultura y las Artes, 2013

D. R. © 2018, Producciones Sin Sentido Común, S. A. de C. V.
    Pleamares 54, colonia Las Águilas,
    01710, Álvaro Obregón,
    Ciudad de México

Texto © José Mariano Leyva
Ilustraciones © Aleida Ocegueda

ISBN: 978-607-8469-57-4

Impreso en México

Olmecas, zapotecos y mixtecos
Los indígenas de Mesoamérica IV

José Mariano Leyva

Ilustraciones de Aleida Ocegueda

NOS
TRA
EDICIONES

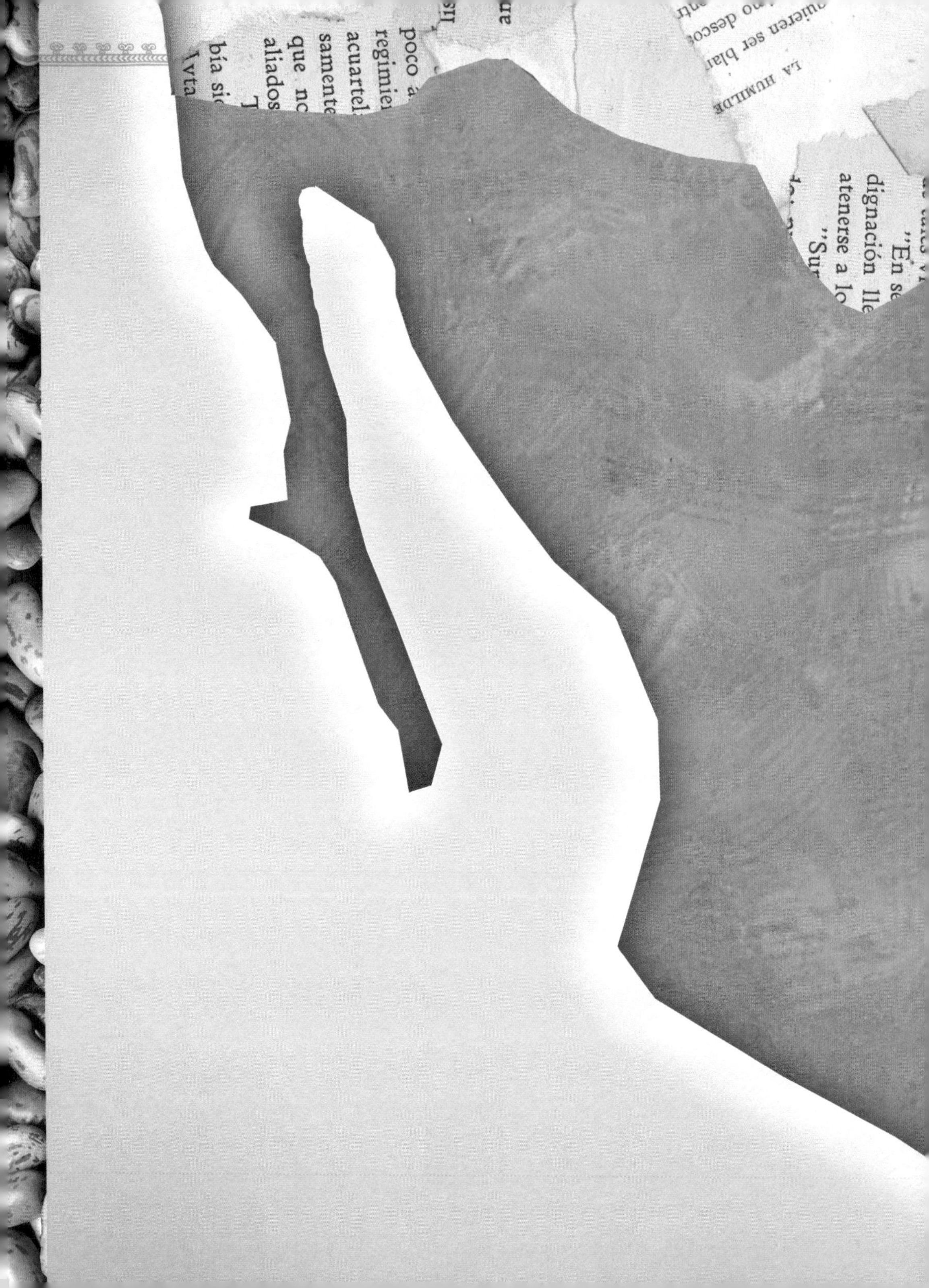

lis

au

quieren ser bla

o desc

LA HUMILDE

dignación lle

atenerse a lo

"Sur

"En se

poco a

regimie

acuartel

samente

que no

aliados

bía si

T

lvta

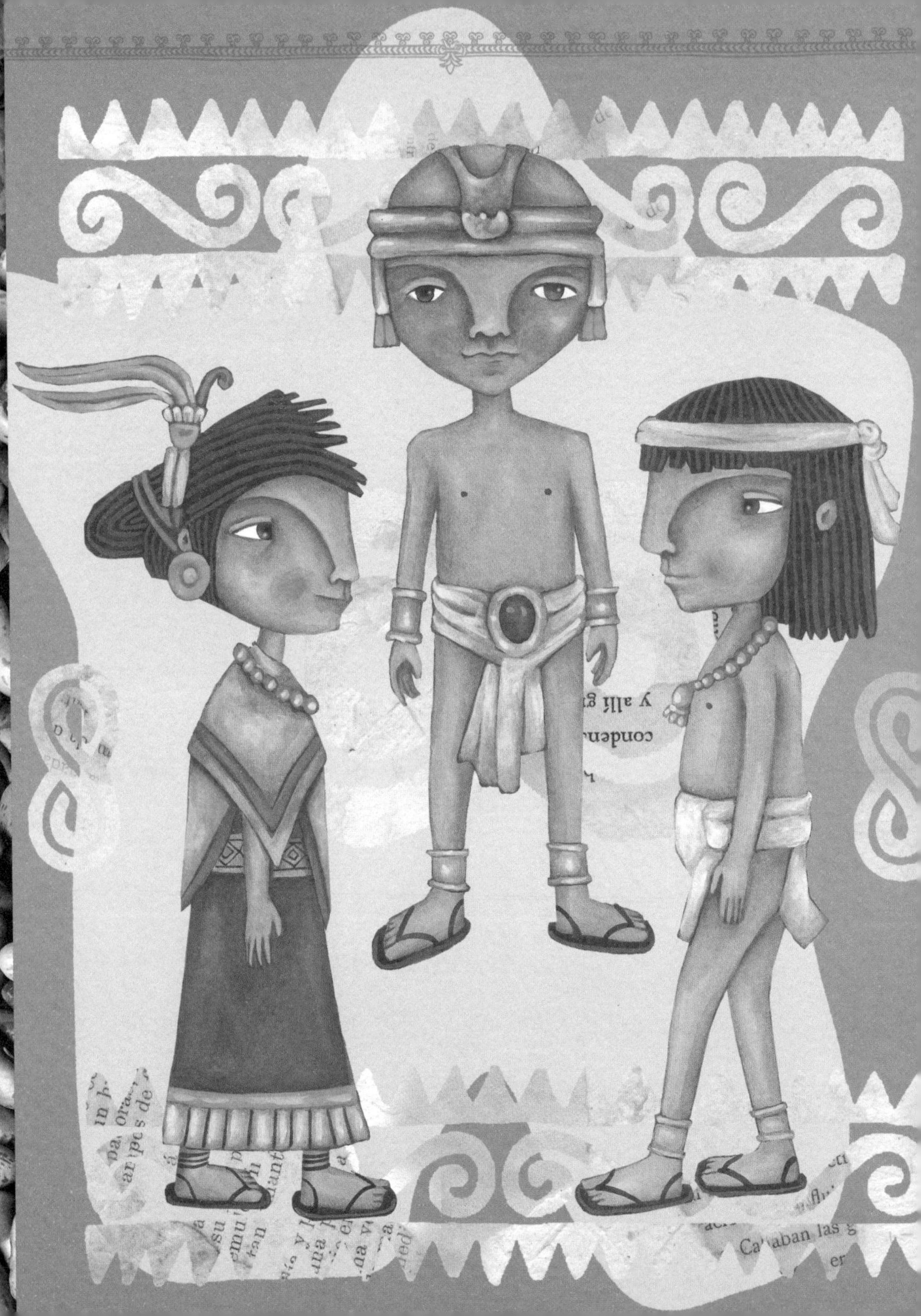

ÍNDICE

 # Introducción

LAS CULTURAS OLMECA, MIXTECA Y ZAPOTECA CONFORMAN UN GRUPO DE CIVILIZACIONES MUY AVANZADAS E IMPORTANTES QUE SURGIERON ENTRE LOS SIGLOS XV Y XIII ANTES DE NUESTRA ERA. A PESAR DE CONSIDERARSE PUEBLOS TAN PRIMITIVOS, LOS VESTIGIOS ENCONTRADOS DEMUESTRAN QUE ALCANZARON ALTOS NIVELES EN SU ORGANIZACIÓN SOCIAL, POLÍTICA Y RELIGIOSA.

Se piensa que algunos grupos indígenas que existieron en Mesoamérica desaparecieron con la llegada de los conquistadores españoles. Sin embargo, diversas tribus dejaron huellas de su presencia y posterior extinción, mucho tiempo antes de la Conquista, debido a causas que continúan investigándose hasta el día de hoy.

La civilización olmeca es uno de estos casos. Esta cultura se comenzó a desarrollar como un pueblo poderoso hace cientos de años, y es quizá la civilización prehispánica más antigua de Mesoamérica. Lo más admirable de los olmecas es la enorme cantidad de cosas que inventaron y que otros pueblos, como los mexicas, los mayas o los propios mixtecos y zapotecos, que surgieron después, adoptaron como propias en su vida cotidiana.

El caso de los mixtecos y los zapotecos es diferente. Ellos no desaparecieron antes ni después de la llegada de los españoles, sino que sobrevivieron muchos años a partir de que los territorios prehispánicos se convirtieron en la Nueva España. Estos pueblos, en lugar de centrarse en una o dos ciudades, se dispersaron por diversos lugares de la zona, de manera que tuvieron más posibilidades de sobrevivir frente a las adversidades y a pesar de los conquistadores.

Un ejemplo son los grandes enfrentamientos que sostuvieron, en cierto momento, los mexicas, el grupo indígena más poderoso de Mesoamérica, contra los mixtecos y los zapotecos. A pesar de su fortaleza, los mexicas no pudieron derrotarlos del todo y aunque algunas de las tribus fueron sometidas, otras se las ingeniaron para mantener viva la cultura de sus ancestros.

EL POBLAMIENTO DE MÉXICO

Los primeros pobladores de México venían de Norteamérica, pero procedentes del Viejo Mundo, por lo que debieron adaptarse a ambientes, terrenos y condiciones muy disímiles.

Sin embargo, estas sociedades tenían algunas desventajas. Al no estar integrados en una sola ciudad, los pueblos mixtecas y zapotecas perdieron comunicación, es decir que si unos descubrían algo, los otros lo desconocían. Por esta forma de aislamiento entre grupos pertenecientes a la misma cultura ha sido complejo reconstruir su historia de una manera absoluta, a pesar de que hasta hoy existan poblaciones importantes tanto de mixtecos como de zapotecos.

Por tanto, pese a que se conocen rasgos culturales de los olmecas, mixtecos y zapotecos, como su forma de vida, sus ciudades o la clara influencia que tuvieron en otras culturas, muchos investigadores dedicados al estudio de estas civilizaciones han descubierto sus secretos, cuidadosamente, en la medida que han podido interpretar diversos hallazgos durante largo tiempo.

Olmecas: antepasados de los antepasados

Los olmecas son una de las más antiguas sociedades prehispánicas de las que se tiene registro. Esta civilización inicia hace poco más de tres mil años y desaparece alrededor del año 400 antes de nuestra era. Esta lejanía en el tiempo complica la reconstrucción detallada de diversos aspectos de la cultura olmeca, aunque continúan surgiendo indicios aislados para mostrar un panorama general de ese mundo extinguido hace ya tanto tiempo.

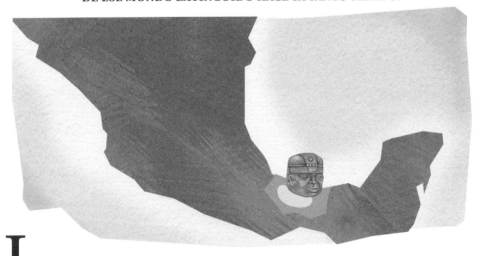

La cultura olmeca se desarrolló primero en las tierras ribereñas del sur de Veracruz y Tabasco, hasta el istmo de Tehuantepec y las costas de Chiapas y Guatemala, llegando después a Campeche. Existen teorías que consideran a los olmecas como una especie de "cultura madre" para la zona sureste de Mesoamérica. Sin embargo, todas las culturas prehispánicas intercambiaron conocimientos y habilidades entre sí, mientras no se encontraran aisladas por las posibles barreras naturales del medio ambiente en el que habitaban.

Los olmecas desaparecieron mucho tiempo antes de que los españoles llegaran a tierras americanas. A diferencia de otras civilizaciones, la época de esplendor olmeca fue muy breve, pero al ser la cultura más antigua de la que se tiene conocimiento hasta hoy, logró influenciar a muchos pueblos indígenas posteriores, incluso cuando ya había desaparecido.

Uno de los motivos por el que se extinguieron los olmecas quizás haya sido su jerarquía social, y la importancia de la poderosa elite que gobernaba a la población, sometida al servicio continuo de este selecto grupo de hombres.

El mayor interés de esta elite dominante era la cultura, que se manifestó en grandes logros como el desarrollo de la escritura y la escultura, entre otras artes, pero también significó que descuidaran las actividades elementales para la supervivencia de su sociedad, como la agricultura.

Desde tiempos arcaicos, todas las zonas del continente americano tuvieron grupos de cazadores y recolectores, después surgieron agricultores sedentarios que se establecieron en aldeas y desarrollaron costumbres propias.

LOS RECOLECTORES

Los Olmecas se asentaron en la serranía, donde encontraron cuevas y rocas que los protegían de los cambios del clima. Lugares con una gran vegetación que no requirieron el desarrollo de elaborados instrumentos para la recolección.

Las zonas de Tabasco y el sur de Veracruz se encuentran llenas de ríos y vegetación, lo que permitió la sobrevivencia social sin necesidad de tener que desarrollar demasiadas técnicas para la agricultura.

Los productos que sembraban y cosechaban eran los mismos de otras culturas prehispánicas de Mesoamérica: maíz, frijol y calabaza. Esta civilización tenía que ganarle terreno a la densa selva tropical en la que vivían, para lograr así espacios óptimos para sembrar. De hecho, muchas de las poblaciones olmecas eran una especie de islas en medio de la exhuberante selva.

No se conocen las técnicas mediante las que lograron sembrar en un terreno de tal naturaleza como la selva, pero antes de que llegaran los conquistadores, estos pueblos eran autosuficientes para sobrevivir en un medio que podía proveerlos de recursos, sobre todo si se considera que la población olmeca contaba aproximadamente con más de trescientos mil habitantes.

Olmeca significa "habitante del país del hule" en su lengua nativa. Hay un acuerdo general entre los estudiosos que determina que estos pueblos hablaban una lengua ancestral de la familia mixe-zoqueana, dada la cercanía de esta cultura con la distribución geográfica de los olmecas. Por otra parte, se han encontrado algunas similitudes en los nombres de plantas y rituales que los mayas y otros pueblos tomaron prestados de la lengua de los olmecas. Existe una estela en La Mojarra, Veracruz, con fechas de 146 y 152 d. C., grabada con un texto muy largo en escritura zoqueana, que era considerada la lengua más antigua descifrada hasta finales del siglo XX.

Un poco más difícil resulta saber de qué manera se veían físicamente los olmecas, porque la tierra en donde estaban asentadas cada una de las poblaciones era muy húmeda, y los cuerpos enterrados no se pudieron conservar. Cuando la tierra es más seca, hay más posibilidades de que la materia orgánica no se descomponga, pero este no fue el caso para los olmecas.

APARIENCIA

Gracias a muchas de las figuras de cerámica que se conservan hoy día, podemos conocer los tipos étnicos olmecas: baja estatura, cara redonda, nariz chata y ojos oblicuos.

Las esculturas, la joyería, los relieves grabados sobre piedra y las vasijas encontradas en múltiples excavaciones, han dado indicios de la posible apariencia física del pueblo olmeca. La gran mayoría de las personas que aparecen en aquellas esculturas tienen rasgos negroides o asiáticos, que ninguna otra cultura mesoamericana tenía.

La ciudad olmeca

Los restos encontrados de las ciudades olmecas son espacios que contribuyen para determinar algunas de las características culturales de este pueblo. Sin duda, La Venta, en el actual estado de Tabasco es una de las ciudades más importantes junto con San Lorenzo y Tres Zapotes, en Veracruz.

Las ciudades olmecas, como otras ciudades prehispánicas que surgieron después, tenían pirámides, pero como ni la cal ni el estuco habían sido descubiertos todavía, el terminado no era tan refinado. Las pocas construcciones hechas de piedra corresponden a los pueblos olmecas más poderosos y a sus épocas más prósperas.

Para obtener piedra sólida recurrían a canteras de la Sierra de los Tuxtlas o Sierra de San Andrés. Ahí se proveían de basalto y otras piedras volcánicas que podían trasladar hasta los centros políticos y ceremoniales, gracias a su asombrosa organización, sin la ayuda de animales de carga, para la construcción de esculturas y edificaciones.

Es en la ciudad de La Venta donde se encuentra la pirámide más antigua de toda Mesoamérica, que de alguna manera se constituyó como la herencia para el resto de las pirámides que se edificaron después.

CIUDADES ENIGMÁTICAS

La ciudad de La Venta se localizaba en el actual municipio de Huimanguillo, en Tabasco, estaba rodeada de zonas pantanosas y múltiples ríos. En este lugar se han encontrado restos que determinan que pudo haber cerca de veinte mil habitantes en la zona; San Lorenzo era el centro ceremonial más antiguo registrado hasta hoy, situado en la cuenca del río Coatzacoalcos; Tres Zapotes fue el último de estos centros, antes de la desaparición de los olmecas. Estas ciudades comparten las mismas características arquitectónicas.

Muchas de las construcciones para los habitantes comunes estaban hechas de troncos de madera, un material que en un ambiente tan húmedo como la selva era menos resistente al paso del tiempo.

Otro tipo de edificaciones que sí perduraron fueron las grandes tumbas. Se trata de sepulcros de diseño muy elaborado y complejo que, sin duda, ocupaban los líderes más importantes. Una de las que se encuentra en La Venta está hecha de columnas de basalto apiladas.

En La Venta se han encontrado "ofrendas", que son tumbas cubiertas, pero sin mayor arquitectura exterior. Una especie de tumbas hundidas. Lo interesante de este tipo de construcción es que, en esta ciudad, estaban alineadas de tal forma que creaban una especie de avenida más o menos larga. Esta avenida iba de norte a sur con una ligera desviación de ocho grados hacia el oeste, que coincide con la posición que tiene la Calzada de los Muertos, en Teotihuacan, otra ciudad prehispánica un poco menos antigua que La Venta.

A pesar de que la antigua cultura olmeca había desaparecido mucho tiempo atrás, pudo heredar a otras culturas ciertos rasgos arquitectónicos que estaban muy ligados a los ritos religiosos. Entre la desaparición de la cultura olmeca y la fundación de Teotihuacan pasaron alrededor de 200 años.

CARBONO 14

En 1946 el químico estadounidense Willard Libby dio a conocer un método para determinar la edad de muestras orgánicas que contuvieran carbono, pudiendo hacer registros de hasta seis mil años de antigüedad. Por este descubrimiento que se denominó "datación por radiocarbono" o Carbono 14, el científico fue galardonado con el Premio Nobel de Química, en 1960. A partir de esta fecha, los arqueólogos utilizan este método para calcular, entre otros, la antigüedad de los objetos que descubren en sus excavaciones.

Un rasgo arquitectónico que sobrevivió al tiempo es el orden con el que las ciudades olmecas estaban planeadas. Alrededor de la avenida llena de ofrendas enterradas, estaban dispuestas las construcciones principales, una detrás de la otra. Todas las casas tenían las puertas dirigidas hacia el este y el oeste para evitar los fuertes vientos que venían del norte o del sur. Esta forma de ubicar las casas fue otro legado que los olmecas le dejaron al resto de los grupos prehispánicos de Mesoamérica.

Los aspectos culturales de la civilización olmeca, como la ideología, la religión, sus prácticas espirituales y la forma de percibir o ver el mundo se nos escapan casi en su totalidad por falta de datos, sin embargo, existe una cantidad considerable de muestras de arte esculpido, grabado en piedra y cerámica que han ayudado a descubrir el modo de pensar de esta cultura que a la luz del presente siglo se percibe como extraordinariamente avanzada para su tiempo. Muchos otros pueblos emularon la visión y el pensamiento de los olmecas.

A diferencia de otras culturas prehispánicas posteriores, la escultura olmeca no fue diseñada para embellecer las ciudades. Las esculturas que resistieron el paso del tiempo son grandes piezas que no forman parte de ninguna construcción o monumento, pero son las que más les han servido a los especialistas para entender algunos elementos de la cultura olmeca.

En busca de la piedra

Uno de los logros más importantes de los Olmecas fue
su dominio y perfeccionamiento de la escultura monumental
y en miniatura, a pesar de la carencia de material pétreo,
el cual debían extraer y transportar desde tierras
chiapanecas. Una muestra de esfuerzo humano
y desarrollo tecnológico.

La figura más representativa de los olmecas son las llamadas cabezas colosales,
de las cuales se han encontrado 12 en las tres ciudades principales: La Venta,
Tres Zapotes y San Lorenzo. Estas cabezas gigantes miden hasta tres metros, y
muchos especialistas piensan que las facciones de la cara se asemejan a gente
de raza negra o asiática: tienen labios gruesos y ojos rasgados. Encima del
cráneo tienen cincelado una especie de casco. Se piensa que representan
a dioses o jefes guerreros, y es posible que los mismos soberanos, en su
preocupación por mantener su dinastía, se hayan representado a través
de estas esculturas monumentales.

Otro tipo de esculturas representativas de los olmecas son los altares. Eran grandes rectángulos hechos de piedra en los que se esculpían imágenes y figuras, como si se tratara de cuadros que, en vez de estar pintados, tienen talladas esculturas en relieves.

OTROS MISTERIOS EN PIEDRA

Los significados de varias esculturas olmecas se desconocen. Son enigmas aún sin resolver. Es el caso de una serie de esculturas en donde varias caras aparecen una al lado de la otra. Al respecto, un especialista nos dice. Se piensa que hablan sobre sacrificios de niños o de una representación infantil, pero no se ha podido demostrar.

Una de las imágenes más frecuentes en estos altares es la de un niño sostenido por las manos de un hombre adulto. En otras, el hombre adulto está cargando al bebé no con las manos sino con los brazos. La imagen podría representar la importancia que el linaje tenía para los olmecas, y el hecho de poder transmitir a las generaciones siguientes los conocimientos que habían adquirido.

Este tipo de representaciones también lograron llegar hasta las culturas prehispánicas de tiempos más recientes. La más famosa tal vez sea la del altar maya de Bonampak, que es muy parecido a los que los olmecas hicieron en la ciudad de La Venta, muchos años antes.

Los olmecas también representaron a algunos animales en sus esculturas. El de mayor importancia para ellos era el jaguar; es común encontrar relieves o esculturas que personifican a hombres con rasgos de ese felino, seres que son mitad animal y mitad humano. Esta insistencia en la transformación del hombre en jaguar deja claro que los olmecas lo veían como un dios, y que parte de sus creencias incluía la transformación de un ser humano en animal. Este tipo de pensamiento también fue heredado a las culturas prehispánicas posteriores, en las que es común la imagen del nahual, un ser mitad hombre mitad animal que tiene muchos poderes mágicos y protectores.

Obsesión por el jaguar

El espíritu felino constituye un elemento básico en el arte olmeca. Esta obsesión mágico-religiosa se aprecia en todas las manifestaciones estéticas, tanto en barro, como en piedra.

Otro tipo de escultura era una especie de caja de piedra. Se trata de cubos como dados esculpidos por todas sus caras. La más famosa de estas cajas es un sarcófago de jaguar: un ataúd de piedra que representa a este animal y que sirvió probablemente para albergar dentro, el cuerpo de un líder importante. Muchos años después los aztecas tallarían esculturas similares, mientras que en la ciudad maya de Palenque se halló un sarcófago muy parecido al de los olmecas.

Todas estas características convierten a la
escultura olmeca en una de las más relevantes
del mundo prehispánico por su innovación.
El jade era una de las piedras más utilizadas
en la escultura en Mesoamérica, considerado un
objeto de lujo, con él se tallaban desde medianas
esculturas hasta joyería, y los olmecas fueron los
primeros pueblos que lo utilizaron.

EL PRECIOSO JADE

Los olmecas fueron los primeros
en otorgar al jade un valor superior
incluso al del oro. Diversos objetos
de este mineral se colocaban
en los sepulcros o en grandes
actos rituales, tradición heredada
a otras culturas.

Otros materiales con los que se esculpían figurillas eran la obsidiana e incluso el barro; este simple material les bastaba para crear espléndidas piezas. Son muy conocidos los pequeños hombres de barro olmecas, que aparecen en diferentes posiciones, algunas de ellas muy complejas.

El hombre olmeca

UNA GRAN PARTE DE LAS ACTIVIDADES DE LOS OLMECAS ESTABA
DEDICADA A SATISFACER LOS INTERESES DE LA CLASE DOMINANTE, COMO
EL PERFECCIONAMIENTO ARTÍSTICO Y CULTURAL; EN SEGUNDO TÉRMINO
SE ATENDÍAN LAS NECESIDADES BÁSICAS PARA LA SUPERVIVENCIA
TANTO DE LAS JERARQUÍAS COMO DEL PUEBLO.

Uno de los aspectos que define a las culturas del mundo es la vestimenta. Para saber con mayor exactitud cómo se vestían los hombres de esta cultura es necesario retomar justamente las figurillas de barro. Los atuendos tallados en estas reproducciones humanas, o la representación de los hombres en las grandes esculturas, son los datos más apegados a la realidad con los que se cuenta en la actualidad para el conocimiento de la civilización.

Los hombres se vestían con una especie de taparrabo muy pequeño al que se le conoce con el nombre de *maxtlatl*. Estos podían ser muy adornados, con bordes dorados, broches o fajas. De la misma manera, utilizaban una especie de capas que les cubrían desde los hombros hasta las pantorrillas.

LOS OJOS BIZCOS

Muchas de las esculturas olmecas se presentan con los ojos bizcos. Se cree que esta tradición tiene sus raíces en la idea de encontrar la verdadera esencia de las cosas, que se percibe entre las dos imágenes de un objeto visto a través de estos ojos.

Muchas de las figuras que sobreviven hasta el día de hoy no llevan sandalias, y se cree que buena parte de los pobladores olmecas vivían casi desnudos debido al caluroso clima de la zona, en medio de la jungla tropical. Las personas en las esculturas aparecen con tocados muy complejos en los que se insertaban piedras preciosas, huesos y maderas talladas. Esta costumbre también permanecería en otras culturas indígenas posteriores.

Una prenda de vestir que resulta verdaderamente novedosa en el mundo prehispánico son los sombreros con los que varios olmecas aparecen, tanto en los relieves como en las esculturas. Esta prenda de vestir no se conservó en ninguna de las culturas posteriores.

Los aretes, pendientes y collares eran habituales en la vestimenta de los olmecas. Y los materiales que se utilizaban para hacerlos podían ser colmillos de jaguar, colas de mantarraya y huesos de animales o incluso de personas.

Se cree que otros utensilios, como las hachas, terminaron por ser también una especie de adorno, es decir, pasaron de ser algo práctico a un objeto de lujo, debido a los tallados de jaguares e incrustaciones de piedras preciosas y otros materiales con que fueron elaboradas.

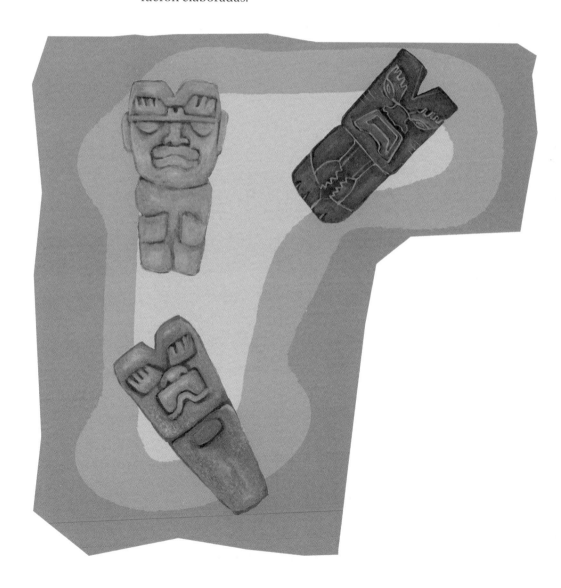

La economía olmeca, como en la gran mayoría de las culturas mesoamericanas, se basaba en la agricultura; estos pueblos pudieron desarrollar un buen sistema de comercio intercambiando productos con gente de otras geografías. En esta actividad inevitablemente se conocían las costumbres de los demás, y si la cultura olmeca era la más importante de su momento, entonces resulta natural que otras sociedades la imitaran.

El sistema de gobierno que los olmecas tenían se basaba en una división por clases sociales. En un sitio bajo estaban los agricultores y pescadores, un poco más arriba los comerciantes y militares, y en lo más alto, los gobernantes quienes también ostentaban funciones religiosas. Es decir, que eran gobernantes y sacerdotes, una actividad muy común para varias de las culturas mesoamericanas, como se observa en las construcciones que, al parecer, tenían fines ceremoniales tanto políticos como religiosos.

La religión de los pueblos olmecas no estaba tan definida como las religiones de las sociedades posteriores. Tenían muchos dioses, más que cualquier otro grupo indígena. Dioses para plantas, animales, piedras, tierra, montañas, mar, aire, fuego, luz, insectos. Pero conforme pasó el tiempo, algunas deidades fueron desapareciendo.

Algunos de los dioses olmecas que sobrevivieron eran aquellos que tenían el poder de convertirse de hombres a animales. El jaguar, el dios más poderoso, era el dios favorito de las culturas prehispánicas más antiguas, y el águila era el animal-dios predilecto de las culturas posteriores, aquellas que se enfrentaron a los españoles. En algún momento, cuando los viejos pueblos desafiaron a los nuevos, tuvo lugar la pelea entre jaguares y águilas.

Los mixtecos: una civilización de larga duración

La cultura mixteca representa a los antepasados de un pueblo que existe hasta el día de hoy, los mixtecos. Aquel pueblo original e histórico era más poderoso que el actual. Vivió una época en la que medía sus fuerzas con otras culturas igual de desarrolladas que la suya, pero esto cambió con la llegada de los españoles.

Antes de la conquista española, el territorio mixteco se extendía desde el sur de Puebla hasta la costa de Guerrero y por buena parte del estado de Oaxaca. La frontera del territorio mixteco limitaba con otro grupo indígena, los zapotecos. De hecho muchas de las características que tenían los mixtecos las compartían con sus vecinos, quienes a veces eran amigos, y muchas otras, enemigos.

La historia de los mixtecos fue larga e ininterrumpida. Durante muchos años este pueblo sobrevivió de un descendiente a otro sin que otra cultura llegara a vencerlos o a conquistarlos por completo. Los primeros datos que se tienen de los mixtecos son de alrededor de 1600 años antes de nuestra era. Es decir, de hace 3600 años al día de hoy. Y si los españoles conquistaron a esta cultura entre 1520 y 1522, la civilización mixteca original, la histórica, existió durante más de tres mil años.

La cultura mixteca sobrevivió durante mucho tiempo, lo que les permitió estar en contacto con otros grupos prehispánicos muy importantes que surgían y desaparecían mientras ellos se mantenían. Primero vieron el final de la antiquísima cultura de los olmecas, una vez que estos desaparecieron, estuvieron en contacto con los teotihuacanos y pudieron presenciar también el ocaso de los habitantes de Tula.

Los mixtecos pudieron relacionarse tanto con los olmecas como con los teotihuacanos, a pesar de la distancia en el tiempo entre ambas culturas.

Para el momento en que llegaron los españoles, el imperio mixteca cubría buena parte del valle de Oaxaca y además, había conquistado algunas partes del territorio zapoteca.

La conquista espiritual / religiosa

El proceso de evangelización de los mixtecos incluyó la mezcla de conceptos rituales del catolicismo con su religión. Sin embargo sobre las ruinas de sus templos se construyeron las iglesias. Una cultura fue vencida y nuevas costumbres adaptadas.

Una cultura esparcida y diferente

LA CIVILIZACIÓN MIXTECA TIENE ALGUNAS DIFERENCIAS MUY IMPORTANTES CON RESPECTO A OTROS GRUPOS INDÍGENAS BIEN CONOCIDOS. NO SÓLO SORPRENDE SU LARGA PERMANENCIA, SINO TAMBIÉN SU UBICACIÓN GEOGRÁFICA TAN AMPLIA, QUE LE SIGNIFICÓ A ESTA CULTURA TANTO VENTAJAS COMO PROBLEMAS.

Durante la mayor parte de su existencia, la civilización mixteca se dividía en diferentes territorios que eran controlados por una sola ciudad. Este sistema se parece mucho al que actualmente existe en México: un estado que tiene una ciudad capital en donde se encuentran los gobernantes y las instituciones más importantes.

Los mixtecos estaban esparcidos por diferentes territorios, pero cada ciudad era en realidad muy pequeña, con pocos pobladores. La Mixteca, en buena medida era un grupo numeroso de poblados pequeños, cuyos habitantes compartían características sociales y culturales.

Esta dispersión tenía algunas ventajas. El contacto con otras culturas era una de ellas. Así, se han encontrado rastros de la cultura mixteca en lugares tan alejados de su territorio como el actual estado de Veracruz.

LUGAR DE NUBES O NEBLINA

La región mixteca se ubica en los estrechos y elevados valles de la Sierra Madre Oriental, es *Mixtlán* "un lugar entre nubes".

Esta manera de distribuirse en su zona fue una de las razones por las cuales los mixtecos eran un blanco fácil para otras culturas. Los aztecas, por ejemplo, controlaron y atacaron muchas veces, durante casi 100 años, varias de las ciudades mixtecas, y una vez que la conquista española los alcanzó, algunos grupos de españoles resolvieron mantener intactas ciertas ciudades, pero bajo su control. A pesar de no someterlos del todo, estas poblaciones no representaban mayor riesgo para los españoles por su tamaño y falta de conexión con otros pueblos similares.

LA ERA CRISTIANA

Los primeros frailes dominicos eligieron la comunidad de *Cuauhxilotítlan* o San Pablo Huitzo para evangelizar primero a los propios mixtecos, pero también a los zapotecos.

La movilidad de estos pueblos se ve reflejada en la ciudad de Monte Albán, en Oaxaca, descubierta por los arqueólogos hace tan sólo 150 años, y un ejemplo de la dispersión de estas culturas prehispánicas, porque esta ciudad milenaria perteneció a zapotecos, teotihuacanos y finalmente a los mixtecos.

Monte Albán fue una de las ciudades más grandes en la que los mixtecos pudieron haber vivido, pues el resto de sus territorios eran edificaciones más bien pequeñas, que correspondían con el número de sus pobladores.

Monte Albán, fundada alrededor del siglo v antes de nuestra era, es un buen ejemplo de un sano contagio de culturas. En un solo espacio se aprovecharon los diferentes conocimientos de diversos grupos indígenas, y la suma de todos ellos enriqueció a cada uno de los involucrados.

Además, no era el único sitio en donde los mixtecos se relacionaron con sus diferentes poblaciones u otras sociedades. Su cultura también contagió a los últimos olmecas, y de la misma manera, en algunas partes de la Mixteca es posible reconocer elementos culturales de Teotihuacan, como la escritura. Así, los diferentes pueblos indígenas no estaban aislados, sino que eran diferentes conjuntos que de manera continua tenían contacto.

Los mixtecos dividían su territorio en zonas que más que una frontera política, como la de los actuales estados, se definía por su clima. La Mixteca Alta era la tierra más fría, en la Mixteca Baja el clima era templado, y finalmente, la Mixteca de la costa, que tenía el clima más caluroso, porque estaba al nivel del mar. Esto les permitía tener una gran diversidad de productos que cultivaban en los diferentes climas, y les garantizaba su sobrevivencia.

Maíz, frijol y calabaza eran los principales alimentos que sembraban y consumían, además de chile y diferentes tipos de fruta. En las tierras más bajas y calurosas se plantaba algodón y cacao que eran considerados productos de lujo; para llevar el agua a estos cultivos en las tierras con climas más calurosos, los mixtecos habían desarrollado un eficaz sistema de riego que involucraba cierto conocimiento en ingeniería y que fue usado después por muchas otras culturas prehispánicas.

El cacao y el algodón no eran los únicos productos suntuosos que los mixtecos producían. También criaban un insecto del nopal llamado cochinilla. De este parásito se sacaba un colorante de color rojo conocido como grana cochinilla con el que teñían varios productos como las telas. Este colorante era tan apreciado que su producción se conservó hasta hace poco más de 100 años. Finalmente desapareció por el descubrimiento de los colorantes artificiales.

La gran mayoría de las poblaciones mixtecas vivían en las tierras bajas que era donde el clima les resultaba más benigno y se podía cultivar con mayor facilidad. En las zonas altas, que eran las más frías, los asentamientos mixtecos eran centros religiosos. Lugares en donde la mayor parte de la gente sólo iba de vez en cuando para tareas muy concretas, y después regresaba a sus tierras cálidas.

LA "MODERNIZACIÓN" MIXTECA

Fray Domingo de Santa María es considerado el promotor de la cría del gusano de seda y de ganado, en la región mixteca; pero también un gran promotor de la destrucción de ídolos.

Pero vivir en medio de esta dispersión tenía demasiadas desventajas. Los mixtecos eran débiles frente a casi cualquier enemigo, porque no había una comunicación eficaz entre un pueblo y otro. Ciudades enteras se perdían o desaparecían como fue el caso de Huamelulpan. La separación geográfica entre los mixtecos era tanta que a veces no se consideraban unos a otros de la misma cultura. Esto provocaba graves conflictos armados entre las diferentes zonas mixtecas.

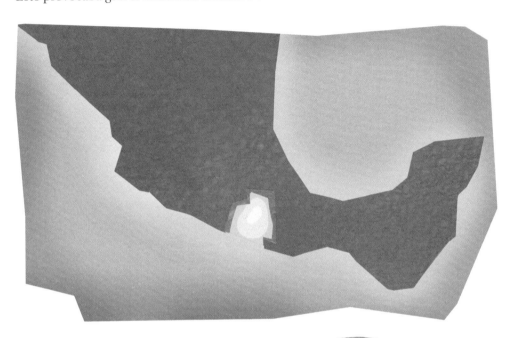

LOS SONIDOS AL HABLAR

Usar el sonido de la nariz
y la aspiración del aliento,
es la mejor manera de evitar
equivocaciones al usar vocablos
de la lengua mixteca. Así lo aprendió
Fray Juan Cabrera, uno de los primeros
conocedores de esta cultura.

En algún momento cada población tenía demasiados enemigos; podían ser aztecas, zapotecos o incluso los propios mixtecos del pueblo vecino. La arquitectura de esta cultura se vio modificada, porque muchos pueblos comenzaron a construir muros alrededor para repeler los continuos ataques.

Sin embargo, esta situación cambió con la aparición de un líder muy importante para la historia mixteca llamado Ocho Venado. Una de las tareas más importante que este hombre hizo fue intentar unir y fortalecer a la cultura mixteca. Y tuvo tanto éxito que le fue posible reforzar su poder en las partes más alejadas, como en la costa. Ahí incluso estableció uno de los cuatro reinos más importantes que la cultura tuvo: Tututepec. Pero de la misma manera, no abandonó otras partes de la zona; fue en su mismo reinado que se desarrolló muchísimo la ciudad de Tilantongo, en la Mixteca Alta, que también se convirtió en centro de operaciones militares para conquistar y unificar las zonas cercanas.

A Ocho Venado le resultó claro que si quería unir a los pueblos dispersos, él mismo tendría que hacer una alianza. Así que se hizo amigo de Cuatro Jaguar, un señor de origen tolteca que gobernaba una ciudad llamada Tollan-Chollollan. Fue con esta amistad que su poder se duplicó y logró, durante un largo periodo, mantener más cercanos a los pueblos mixtecas. Pero la desunión terminó por imponerse, desgraciadamente. La muerte de Ocho Venado tiene mucho que ver con las peleas entre gente del mismo pueblo, este líder fue asesinado por el hijo de una mujer a la que el propio Ocho Venado había matado tiempo atrás. La venganza destruyó alianzas y la unión generalizada se desvaneció.

Al respecto a uniones y desuniones, también es importante señalar la relación entre mixtecos y zapotecos. Durante los últimos años de la cultura mixteca prehispánica, la relación entre ambas culturas fue muy cercana, aunque esto también provocó un mayor número de enfrentamientos y guerras. Sin embargo, cada vez que los aztecas amenazaban con realizar un ataque a los zapotecos o a los mixtecos, estas dos culturas se aliaban para hacer frente a tan temible enemigo.

La suerte que algunas poblaciones mixtecas sufrían no significaba que para las otras fuera igual. Mientras los aztecas podían someter a algunas ciudades, otras podían seguir siendo libres. Por eso, los mixtecos sobrevivieron durante tanto tiempo; mientras algunas zonas caían, otras podían sobrevivir al paso del tiempo. Lo mismo sucedió a la llegada de los españoles. Hubo pueblos mixtecas que incluso se entregaron de manera voluntaria, logrando un mejor trato de los españoles. Sin embargo, otros indígenas de la misma cultura pelearon hasta el final por defender su libertad.

La vida cotidiana de los mixtecos

EN MEDIO DE TANTA DISPERSIÓN, LOS LAZOS FAMILIARES DE LOS MIXTECOS RESULTABAN MUY IMPORTANTES. SI EL PUEBLO, COMO UN CONJUNTO, NO PODÍA MANIFESTAR UNA CERCANÍA CONSTANTE, SÍ ERA POSIBLE TENERLA ENTRE LA FAMILIA. EL HECHO DE QUE EN CADA UNO DE ESTOS PUEBLOS MIXTECAS AISLADOS Y SEPARADOS VIVIERAN FAMILIAS BIEN CONFORMADAS, LES APORTABA UNA AGRADABLE SENSACIÓN DE SEGURIDAD.

Como sucede con los olmecas, la mayor parte de los datos sobre las relaciones familiares mixtecas, del mundo prehispánico, que se tienen se refieren a las clases gobernantes, a los nobles. En general, entre los mixtecos se celebraba el matrimonio con una sola persona, aunque estaba permitido en algunos casos que un hombre tuviera más de una esposa.

En ese caso, era necesario que el esposo dijera cuál de las dos mujeres era la principal y cuál la secundaria. Era importante, sobre todo para el momento en el que se tenían hijos. Solo los hijos de una de las esposas podían heredar los bienes que el padre tenía. Era común también que se establecieran alianzas entre los señoríos independientes por medio de matrimonios celebrados entre miembros de la clase gobernante, incluso para evitar enfrentamientos bélicos.

LOS FAMILIARES DE LOS MIXTECOS

Hacia 1901, hace más de 100 años, los especialistas de ese momento intentaron clasificar como una familia a los grupos indígenas de la zona mixteca y zapoteca por el parecido de su idioma. A esta clasificación pertenecían amuzgos, chatitos, chuchones, cuicatecos, mazatecos, mixtecos, papabucos, soltecos y zapotecos.

Las clases sociales entre los mixtecos también estaban divididas entre dos castas, la superior y la inferior. Los nobles eran el grupo de gente que dirigía, mientras que los subordinados eran sobre todo campesinos, guerreros, artesanos y comerciantes. Los pueblos mixtecas tenían una manera de organizarse en la que los más débiles pagaban a los más poderosos para obtener, a cambio, organización y protección.

Así, la gente del pueblo pagaba a sus gobernantes, sin embargo, los nobles de las aldeas más débiles, solían pagar a los dirigentes de los pueblos más fuertes de la zona para obtener mayor protección frente a enemigos más poderosos.

El cargo de gobernante de cada uno de los pueblos se heredaba; una o dos familias controlaban generalmente a un pueblo, y los hijos y los nietos seguían gobernándolo. Este sistema no permitía que personas ajenas a la familia elegida pudieran tomar el mando. Cada monarca era asistido para sus funciones como gobernador por asesores y representantes de la nobleza quienes tenían mucho peso cuando se debían tomar decisiones.

Estos consejeros eran las personas más viejas y sabias de cada uno de los pueblos. Había incluso una especie de consejo de ancianos a los que podía acudir cualquier poblador de la comunidad para exponer su problema y escuchar el consejo que este grupo tenía para dar.

Como la gran mayoría de las civilizaciones indígenas de América, la clase política en cada uno de los pueblos estaba muy ligada a las actividades religiosas. Cada aldea tenía un dios principal que lo diferenciaba del resto de los dioses de otras comunidades, y tenía sacerdotes que dedicaban festejos a la deidad correspondiente, donde se ofrecían grandes banquetes con abundante bebida, que podían durar varios días.

A pesar de tener una gran cantidad de dioses, repartidos en cada uno de los pueblos, los mixtecos tenían dioses mayores, deidades que se encontraban por encima de los dioses individuales de cada poblado, y que eran venerados en todas las comunidades. Estaba el dios Dzahui, que significa "lluvia" y representaba a este elemento. Este dios era tan importante que los mixtecos se llamaban a sí mismos "los hijos de la lluvia".

La importancia de este elemento natural en esta cultura se debía a que muchas zonas de la Mixteca eran muy secas, y la súplica a este dios parecía necesaria para llevar a buen fin actividades como la agricultura. Otro dios mayor era el del fuego, Huehuetéotl, que aparece en varias de las culturas prehispánicas tempranas.

Muchos de los elementos religiosos que los mixtecos tenían, eran muy parecidos a los de los aztecas. Como ellos, creían que habitaban en la era del Quinto Sol, esto quería decir que estaban convencidos que cuatro mundos anteriores habían sido destruidos por los dioses, y que inevitablemente algo parecido sucedería con la era en la que vivían.

Otro aspecto muy importante eran las grandes redes de comercio que fueron un elemento clave para su sobrevivencia. Los mixtecos continuamente organizaban mercados en los pueblos más importantes, donde acudía gente de muchas comunidades y grupos indígenas prehispánicos. En esos mercados no sólo se comerciaba, sino que había un inevitable y provechoso intercambio de ideas entre las diferentes culturas que se daban cita. Esta comunicación permitió que la cultura mixteca se extendiera y sobreviviera.

Uno de los productos mixtecos que sin duda se comerciaba con frecuencia eran las piezas de cerámica consideradas objetos de lujo, que han sobrevivido hasta el día de hoy. Las vasijas son una prueba del sano contagio entre culturas, pues en varias de ellas, encontradas en diversas excavaciones, es evidente una mezcla de estilos mixtecas, zapotecas e incluso olmecas. Otras piezas también tienen una clara influencia teotihuacana.

Sin embargo, el producto cultural más importante que los mixtecos tuvieron, y que sobrevivió al paso de los años fueron sus códices. Largas tiras hechas generalmente de piel de venado curtida en donde con gran habilidad se trazaban dibujos que contaban la historia de algunas dinastías, o importantes familias mixtecas. O bien, otros que narraban el gobierno de Ocho Venado y los esfuerzos que hizo por unir a todas las comunidades mixtecas, quizás el evento histórico más importante de su cultura.

De todos los códices que esta civilización produjo, solo seis sobrevivieron a la conquista, entre ellos los llamados *Nutall*, *Vindobonensis* o *Becker*. Muchos de estos nombres corresponden a las ciudades en las que actualmente se encuentran estos importantes documentos históricos.

Estos códices en efecto han aportado información importante sobre los mixtecos, pero otra fuente de investigación es el estudio de una civilización hermana: los zapotecos. Ambas culturas tienen tanto parecido, que sabiendo sobre una, se tiene prácticamente información de la otra.

La historia zapoteca

LA CULTURA ZAPOTECA PUEDE CONSIDERARSE LA CIVILIZACIÓN HERMANA DE LOS MIXTECOS. ESTA CULTURA ES TAMBIÉN MUY ANTIGUA, Y TUVO RELACIÓN CON OTROS GRUPOS INDÍGENAS COMO LOS HOMBRES PRIMITIVOS QUE HABITABAN EN SU TERRITORIO CUANDO ELLOS LLEGARON, PASANDO POR LOS MIXES O LOS MEXICAS, HASTA LLEGAR A LOS CONQUISTADORES ESPAÑOLES.

La región en la que los zapotecos vivieron, cambió conforme a las diferentes épocas. Como sucedió con los mixtecos, se han encontrado rastros de esta cultura en diferentes lugares de Mesoamérica, más allá de su asentamiento original. El centro principal de los zapotecos siempre fue el valle del actual estado de Oaxaca. No es raro, porque en ese sitio las condiciones del clima y la tierra propiciaban que la agricultura fuera muy productiva.

Los primeros datos que se tiene de esta cultura son de hace poco más de 3 500 años, y es importante señalar que hasta el día de hoy existe una importante comunidad zapoteca en el estado de Oaxaca.

Sin embargo, antes de que los zapotecas existieran propiamente como una cultura, en la zona ya había grupos primitivos que vivían de la recolección de frutos. Los especialistas creen que estos hombres prehistóricos, vivían en las cuevas de un lugar llamado Mitla que se encuentra entre el valle de Oaxaca y una de las líneas montañosas que lo rodea.

El invento que hizo la diferencia, y que logró
que esas sociedades dispersas se convirtieran
en un grupo más unificado fue la agricultura.
Antes, vivían de las bellotas, piñones, tunas o
magueyes silvestres que se daban en la zona.
Pero cuando lograron sembrar frijol, calabaza y
un poco más tarde maíz, pudieron establecerse
en un sitio y fortalecerse.

A partir de algunos restos de ciudades zapotecas, los arqueólogos e historiadores
han concluido que un gran avance para la agricultura fue el sistema de riego
que comenzaron a utilizar estas comunidades, igual que los pozos que abrieron
en diferentes lugares, desde donde acarreaban agua en vasijas hacia los sembradíos.
Un método básico para regar, pero desconocido hasta entonces, cuando no sabían
que se podía almacenar agua y utilizarla para cuidar las plantas que después
les darían alimento.

Con la posibilidad de mantener un sembradío, los zapotecos comenzaron a construir casas que habitaban de dos a cuatro personas. Estas viviendas eran muy sencillas, y estaban hechas de ramas y barro. Sin embargo, ya en estas primitivas ciudades zapotecas de hace 3 300 años, se encuentran rastros de cerámica y figurillas hechas de barro que demuestran un claro desarrollo artístico.

Otra característica de estas casas era que en su interior, los espacios estaban bien delimitados entre hombres y mujeres; de un lado estaban los metates, y las ollas, que eran los utensilios de trabajo propios de las mujeres de la época, y del otro había piedras para tallar pedernales y hacer puntas de lanza y hojas de cuchillo, que eran herramientas para el uso de los hombres de la aldea.

Es también en esta época que los zapotecos tuvieron contacto con otras culturas prehispánicas, principalmente con los mixtecos y los olmecas. En algunas excavaciones de restos de viviendas zapotecas se han encontrado objetos de estas dos culturas hermanas.

El contacto entre culturas prehispánicas era importante y común. En Monte Albán la cultura zapoteca se había desarrollado, aunque esa ciudad había sido construida y mejorada por otras culturas prehispánicas. Aún así, hay varios elementos que son claramente zapotecas, y esto hace evidente que esta cultura logró controlar todo el valle de Oaxaca, durante un tiempo largo, desde Monte Albán.

El territorio de los zapotecos estuvo muchas veces en guerra. Otros grupos como los mixes o los huaves reclamaban su derecho a esas tierras y, por supuesto, sus principales rivales, los mixtecos, con quienes libraron varias batallas.

Alguna vez, uno de los líderes zapotecos más conocido, el señor de Zaachila, pidió ayuda a los mixtecos para conquistar a los mixes. Los mixtecos lo ayudaron y vencieron. Pero el señor de Zaachila les dio como recompensa unas tierras muy pequeñas, y los mixtecos se enojaron y le declararon la guerra a los zapotecos.

LÍDERES ZAPOTECOS

Era un indio el que gobernaba y decidía lo que se debía hacer; nombraba un "tequitato" para cada barrio que estaba a cargo de los indios, recolectaba los tributos e informaba.

Como resultado de una de las batallas que sostuvieron surgió la ciudad de Santa Ana Zegache, que tenía dos barrios que convivían entre sí, el de los mixtecos y el de los zapotecos. A pesar de que la guerra continuaba, también se celebraban matrimonios entre ambas culturas, lo que demuestra la relación tan compleja y enriquecedora entre estos pueblos.

La relación fue tan cercana, que muchas de las ciudades de la zona zapoteca están llenas de elementos mixtecas. Zaachila, Mitla y Monte Albán son buenos ejemplos de esto. Tanto en las casas, como en los utensilios, es difícil saber dónde acaba la influencia zapoteca y dónde inicia la mixteca.

Pero este acercamiento terminó con la llegada de los aztecas o mexicas. Pocos años antes del arribo de los españoles, los mexicas, ya bien aposentados en el centro del México actual, comenzaron a internarse hacia el sur hasta llegar al valle de Oaxaca. Los mixtecos y los zapotecos intentaron hacerles frente aliándose, pero fue imposible. El poder mexica era muy grande. Una a una, las ciudades zapotecas, mixtecas y mixes entre otras, fueron cayendo en manos de los mexicas.

Pero ese tipo de conquista no significaba la destrucción de la cultura zapoteca en manos mexicas, sino una forma de establecer un sistema tributario, en el que los pueblos zapotecas continuaban con su forma de vida a cambio de pagar cierta cantidad de productos a los mexicas.

Los españoles

Una vez que la conquista se llevó a cabo, los zapotecos se vieron obligados a entregar tributo a los españoles. Sin embargo, en muchos casos, algunos pueblos se rebelaron, debido a las excesivas demandas de tributos. Incluso hay registro de actos violentos en Oaxaca contra autoridades españolas y saqueo de armas.

La cultura zapoteca se parecía a la mixteca y la mexica. Entre los elementos en común, están las aportaciones culturales de los olmecas que fueron adoptadas por cada una de estas culturas, con lo que, de alguna manera, se convertían en sociedades hermanas, aunque de vez en cuando tuvieran sus diferencias.

Los diferentes hombres zapotecos

Como sucede tanto con los mexicas como con los olmecas, buena parte de la información que se tiene de los zapotecos, antes de la conquista, se desprende de una serie de ritos que practicaba su elite gobernante y que fueron tomados de otras culturas.

Tanto influyeron otras culturas prehispánicas en los zapotecos, que en algún momento como resultado de la conquista mexica, los gobernantes, el grupo dominante, hablaba náhuatl más que zapoteco. En muchas sociedades prehispánicas podía haber una gran diferencia cultural entre los gobernantes y los gobernados.

Más allá de sus dirigentes, el resto de los pobladores hablaba su idioma propio. La lengua zapoteca, como la mixteca, son lenguas tonales. Esto quiere decir que el tono de voz, hablar fuerte, en voz baja o moderado, es muy importante para saber el significado de las palabras. No se trata sólo de escuchar una palabra y reconocerla, como en el caso del español, sino que los zapotecos, además debían prestar mucha atención a la fuerza de la voz al pronunciar una palabra.

Como muchas culturas de Mesoamérica, la base de la alimentación era el maíz, y los zapotecos crearon nuevos platillos con este grano. Uno de los más importantes era el tamal que se elaboraba con una masa hecha de maíz cocido y después molido, a la que le agregaban carne de guajolote. Otros productos comunes en la dieta zapoteca eran frijoles, calabaza, chile y cacao.

La caza también era recurrente entre los zapotecos, sobre todo entre las clases más altas como una especie de deporte ritual. Cazaban conejos y venados, principalmente.

Pero más allá de la caza, la actividad más importante de los miembros de estas clases altas era la administración o supervisión del trabajo, el seguimiento del pago de los tributos correspondientes y el mantenimiento de la ciudad. También administraban la justicia y se encargaban de declarar la guerra a sus enemigos. Estos administradores tenían el nombre de *coquihalao*, un título muy cercano al de príncipe, quien contaba también con habilidades guerreras.

TRIBUTOS

Muchos años antes de la llegada de los españoles, los zapotecas ya tributaban a otro pueblo: los aztecas. Mantas de algodón, güipiles, coronas de cobre... llegaban a manos de Moctezuma.

Pero no todos los logros zapotecas se conseguían a través de la guerra. La sociedad zapoteca podía ser muy organizada. El mantenimiento de las casas y ciudades, por ejemplo, se hacía con servicio público. Esto significaba que la gente del pueblo, cada tanto, debía trabajar para arreglar imperfecciones de la ciudad o para dar mantenimiento a los edificios.

Como en el caso de los mixtecos, sufrían muchas invasiones, pero también ataques de sus propios vecinos. Pero muchas de esas guerras no significaban que el vencedor le quitara las tierras al vencido, sino que tenían como objetivo lograr que el enemigo les diera tributo y después de esto, pudieran vivir más o menos en paz.

Una de las tácticas de guerra más utilizada por los zapotecos era acampar en algún terreno alto como una loma o colina. Una vez que el enemigo se acercaba, se lanzaban carrera abajo en medio de gritos enfurecidos y golpes de tambores que les daban fuerza y valentía. Las luchas eran sobre todo cuerpo a cuerpo, utilizando espadas de pedernal y una especie de armaduras hechas de muchas capas de algodón. De vez en cuando también utilizaban la flecha y el arco.

Por otra parte, la posición en la sociedad zapoteca estaba determinada tanto por la riqueza como por la herencia familiar. Es decir, dependiendo de las riquezas o el prestigio de los padres o abuelos, era la importancia que se daba a cada persona. El día de hoy este tipo de reglas nos parecen sin duda severas o anticuadas, pero los zapotecos utilizaban estos mandatos para mantener cierto orden en medio de los peligros que enfrentaban en su momento.

Las dos principales divisiones sociales eran los nobles y el resto de los pobladores. Las diferencias se podían ver en el vestido de unos y otros; los gobernantes usaban ropa de algodón, mientras que el pueblo se vestía con indumentaria hecha con fibras de maguey, que era más económica y muy áspera al tacto. También era común que en muchas ciudades solo los nobles podían comer venado, liebre o conejo.

LAS BODAS ZAPOTECAS

El matrimonio entre los zapotecos no siempre era consensuado bastaba con tener la aprobación de los padres de la novia para celebrar la ceremonia, previa consumación del matrimonio, incluso por la fuerza.

Muchos nobles solían casarse con mujeres de otros pueblos para fortalecerse, como era costumbre entre los reyes y reinas de Europa, quienes realizaban alianzas políticas o económicas a partir del matrimonio entre dos personas de la nobleza de diferentes comarcas, países o reinos.

El rito del matrimonio era muy parecido al de otras culturas prehispánicas; se hablaba con los padres de la mujer y, si estaban de acuerdo, se convenía en una especie de pago o dote que aportaba la familia de la doncella y se realizaba el matrimonio. Los nobles zapotecos podían casarse hasta con 20 mujeres, siempre y cuando pertenecieran a la alta jerarquía.

Sin embargo, el matrimonio entre la gente del pueblo era monogámico, entre un hombre y una mujer, y era común que antes de planear el enlace, la pareja consultara a un adivino para saber si eran el uno para el otro. Si el adivino les contestaba favorablemente, entonces el rito del casamiento podía celebrarse.

FIN DEL MATRIMONIO

Tener un marido holgazán, violento o la imposibilidad para procrear hijos eran algunas de las causas que podían disolver el matrimonio zapoteco.

Los príncipes tenían algunas actividades religiosas como celebrar el matrimonio porque eran vistos como parientes de los dioses. Aunque, generalmente, estas actividades eran responsabilidad de los sacerdotes que solían ser hijos de los príncipes o de algún otro miembro de la nobleza. Desde niños eran educados para ser religiosos en medio de un sistema muy rígido y disciplinado.

Los sacerdotes zapotecos no podían casarse ni beber pulque más que en muy contadas ocasiones. Tanto rigor en el comportamiento de esta dinastía era muy importante porque también eran consejeros de los gobernantes en momentos tan difíciles como las guerras o las posibles hambrunas que pudieran sufrir el pueblo.

Los sacerdotes se dividían en tres categorías: *huipatoo* que era el grado más alto y que quiere decir "gran atalaya, el que ve todo", luego estaba el *cope vitoo* o "guardia de los dioses", y finalmente en el rango más bajo, *neza-eche* "los grandes sacrificadores" que eran también los aprendices.

Ritos religiosos

Pitao Cozobi era el dios del maíz de todo alimento. A él se le ofrecían grandes sacrificios, como el de la gallina negra, cuya sangre se regaba en los patios de las casas y que ofrecían al dios del maíz.

Como en el caso de los mixtecos, muchos elementos de la religión de los zapotecos eran semejantes a los cultos mexicas o aztecas. Macuilxóchitl era el dios del placer, Copichja, el dios del Sol, y Chichicapa era el dios que sanaba a los heridos y enfermos. Los dioses eran muy importantes para los zapotecos, cada persona tenía uno, y había dioses para hombres y otros para mujeres.

Muchos dioses masculinos estaban casados con deidades femeninas. Los zapotecos incluso tenían dioses de actividades muy específicas como Coqueelaa, que era la diosa de la cosecha de la cochinilla, el insecto que servía para hacer el colorante tan apreciado por estas culturas, bien, la diosa Pitao Hichaana, o de los niños del valle.

Para organizar a todos estos dioses, los zapotecos utilizaban su calendario como si fuera un registro en donde, además, predecían los cambios del clima o las temporadas favorables para las cosechas.

TONALPOHUALLI

El calendario zapoteco consistía de 260 días divididos en cuatro periodos de 65 días que representaban un "signo" o "planeta", también llamado *pije*, "tiempo". Cada periodo se dividía a su vez en cinco partes de 13 días cada una; cada día tenía su propio nombre.

Además de la elite política y religiosa estaban los *macehuales*, que eran los pobladores que se dedicaban a trabajar como campesinos, jornaleros, sirvientes, tejedores, danzantes, músicos, escultores y pintores e incluso comerciantes. No obstante trabajar, y dedicarse también a la agricultura, los macehuales debían pagar tributo tanto a príncipes como a sacerdotes.

Aparte de los nobles y los macehuales, había un grupo social más entre los mixtecos integrado por los siervos y esclavos, que no siempre habitaban en todos los pueblos zapotecas, y su labor consistía en trabajar la tierra.

La gente del pueblo podía convertirse en esclavo de tres maneras diferentes: cuando después de una guerra entre dos pueblos resultaba ser capturado, cuando realizaba algún crimen o robo dentro o fuera de su tribu o, en ocasiones, algunas personas libres decidían venderse como esclavos cuando necesitaban una suma de dinero que no podían obtener por otros medios.

PERMANENCIA DE LA CULTURA ZAPOTECA

En buena medida fue gracias a esta organización que la cultura zapoteca pudo sobrevivir tanto tiempo. Se cree que los zapotecos prehispánicos eran una civilización endogámica, es decir, que la gente del pueblo se casaba entre sí y que rara vez encontraban a su pareja fuera de su sociedad. Esto les permitió sobrevivir como zapotecos durante la Conquista, e incluso en el México moderno.

Así, los zapotecos pueden pensarse como una sociedad que, como los mixtecos, ha estado presente durante muchos años, aunque de manera discreta porque no han realizado grandes guerras o terribles conquistas, pero han logrado como civilización adaptarse a los cambios históricos y sobrevivir con su propia identidad.

Cronología

1500 a. C. Se tienen los primeros rastros de la cultura mixteca en la ciudad de Cruz.

En San José Mogote se comienzan a establecer los antepasados de los zapotecos.

1300 a. C. Inicia la cultura olmeca como tal, con gran influencia sobre los zapotecos.

1200 a. C. En la Mixteca Baja se desarrolla la cultura Pre-Ñudée, muestra del esplendor cultural de los mixtecos.

Apogeo de San Lorenzo, la ciudad olmeca más importante de esta época.

1100 a. C. Comienza a construirse la ciudad olmeca de La Venta.

800 a. C. Los olmecas se desarrollan hasta convertirse en una gran civilización. La ciudad de La Venta está en su apogeo. Comienzan a influir en otras culturas prehispánicas.

500 a. C. La ciudad de Monte Albán es construida, se vuelve la capital de los zapotecos.

400 a. C. La Venta, junto con la cultura olmeca como gran civilización, desaparece.

300 a. C. La ciudad olmeca de Tres Zapotes tiene su apogeo aunque la cultura olmeca ya no está en sus mejores momentos.

200 a. C. La cultura teotihuacana inicia y comienza a influir social y culturalmente a los mixtecos y zapotecos.

1 a. C. Hay rastros de que descendientes de los olmecas vuelven a habitar la ciudad de La Venta. Estos pobladores ya no son olmecas sino herederos de la cultura.

800 Los zapotecos abandonan Monte Albán.

900 Los mixtecos ocupan Monte Albán.

1000 Sucede el expansionismo mixteca, las ciudades de Tututepec y Tilantongo se vuelven los cuarteles generales de la expansión.

1100 Nace la ciudad de Mitla gracias a un pueblo que es mitad zapoteco, mitad mixteco.

1200 Los mixtecos llegan hasta el golfo de México.

1300 Los mexicas comienzan a incursionar en terrenos mixtecas y zapotecas. Suceden varios enfrentamientos.

1350 Los mixtecos gobiernan el valle de Oaxaca.

1400 Se realizan pinturas murales mixtecas en Mitla.

1520 Los españoles comienzan la conquista de la Mixteca.

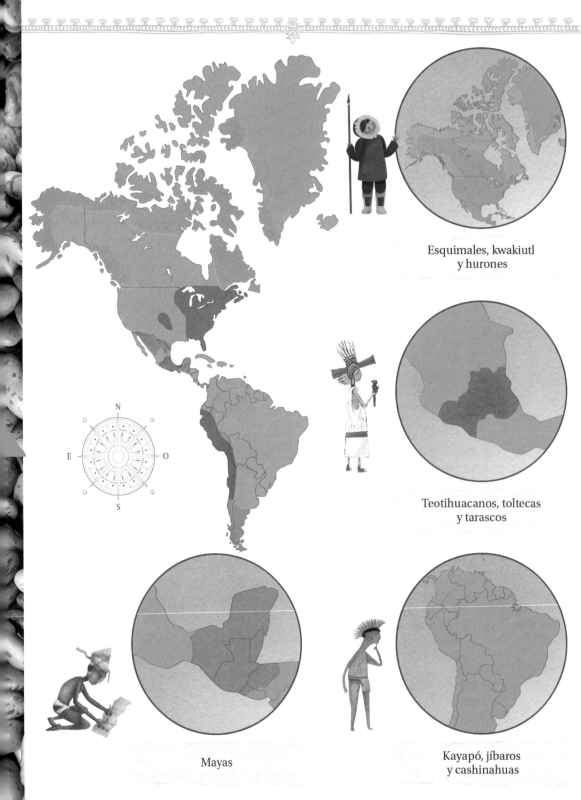

Esquimales, kwakiutl
y hurones

Teotihuacanos, toltecas
y tarascos

Mayas

Kayapó, jíbaros
y cashinahuas

Iroqueses, cheroquís
y sioux

Ópatas, tarahumaras,
yaquis y seris

Mexicas

Olmecas, zapotecos
y mixtecos

Incas

Mapuches

Bibliografía

 Balsalobre, Gonzalo de, *Relación auténtica de las idolatrías, supersticiones, vanas observaciones de los indios del obispado de Oaxaca*, México, Museo Nacional de México, 1892.

Bernal, Ignacio, *El mundo olmeca*, México, Porrúa, 1991.

 ————, *Monte Albán: Settlement Patterns at the Ancient Zapotec Capital*, New York, Academic Press.

Bonifaz Nuño, Rubén, *Olmecas: esencia y fundación*, México, El Colegio Nacional, 1992.

 Caso, Alfonso, *Reyes y reinos de la Mixteca*, t.1, México, FCE, 1977.

 ————, Ignacio Bernal, *Urnas de Oaxaca*, México, INAH, 1952,

 Córdova, Juan de, fray, *El arte en lengua zapoteca*, México, Imprenta del gobierno, 1886.

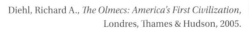 Diehl, Richard A., *The Olmecs: America's First Civilization*, Londres, Thames & Hudson, 2005.

 Gareth W. Lowe, Víctor Manuel Esponda Jimeno, *Mesoamérica Olmeca. Diez preguntas*, Conaculta / INAH / Centro de Investigaciones Humanísticas de Mesoamérica y el Estado de Chiapas-UNAM, 1998.

Jiménez, Moreno Wigberto, "Estudios mixtecos",
Vocabulario en lengua mixteca, por fray
Francisco Alvarado, México, 1962.

León Portilla, Miguel, *En torno a la historia de Mesoamérica*.
México, UNAM / El Colegio Nacional, 2004.

Leslie, Charles M., *Now We Are Civilized: a Study of
the World View of the Zapotec Indians of Mitla, Oaxaca*,
Detroit, Wayne State University Press, 1960.

López Austin, Alfredo y Leonardo López Luján,
El Pasado Indígena, México, FCE, 1996.

Piña Chan, Román, *Los olmecas antiguos*, México,
Consejo Editorial del Gobierno del Estado de Tabasco, 1982.

Ravicz, Robert S., *Organización social de los mixtecos*,
México, Instituto Nacional Indigenista, 1965.

Remesal, Antonio de, fray, *Historia general
de las Indias occidentales*, México, Atlas Ediciones, 1966.

Reyes, Antonio de los, *Arte en lengua mixteca*,
(ed. facsimilar de Wigberto Jiménez Moreno),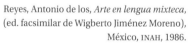
México, INAH, 1986.

Whitecotton, Joseph, W., *Los zapotecos. Príncipes,
sacerdotes y campesinos*, México, FCE, 1985.

Olmecas,
zapotecos
y mixtecos

Los indígenas
de Mesoamérica IV

terminó de imprimirse en 2018
en los talleres de Edamsa Impresiones, S. A. de C. V.,
Avenida Hidalgo 111, colonia Fraccionamiento
San Nicolás Tolentino, delegación Iztapalapa,
09850, Ciudad de México.
Para su formación se utilizó la familia Utopia
diseñada por Robert Slimbach en 1989.